Zeig mir die Natur

Tiere an der Küste

Illustrationen von
Katharina Siegers

Seestern • Möwe • Krebs
Wattwurm • Seehund • Küstenseeschwalbe
Qualle • Austernfischer • Muschel

Loewe

Seestern

Seesterne sind an ihrer Oberfläche mit kaum sichtbaren Stacheln bedeckt. Mit den „Stelzen", kleinen Saugnäpfen an ihrer Unterseite, bewegen sie sich langsam über den Meeresboden und finden auf Steinen und Felsen Halt. Seesterne leben nur unter Wasser. Die Tiere, die man am Strand findet, sind bereits tot.

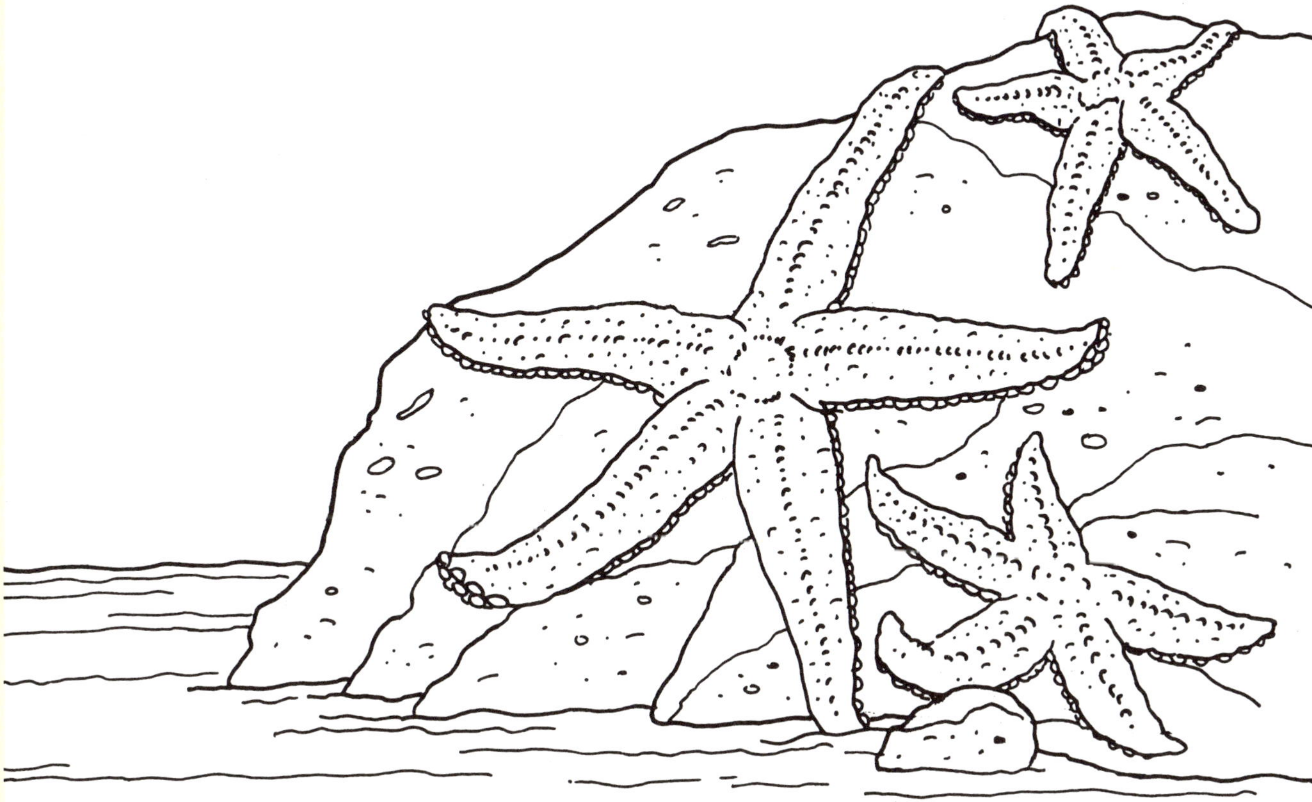

Möwe

Die Silbermöwe mit ihrem kräftigen Schnabel ist der häufigste europäische Vogel. Alle Möwen ernähren sich von kleinen Fischen und rauben Eier und Küken anderer Vögel. Oft sind sie auch im Landesinneren zu sehen, wo sie auf der Suche nach fressbaren Abfällen sind.

Krebs

Alle Krebse haben fünf Beinpaare. Davon benutzen sie aber nur die vier hinteren zum Laufen. Das vordere Paar besteht aus kräftigen Scheren. Mit diesen Werkzeugen knacken Krebse ihre Nahrung, zum Beispiel Muscheln. Wie alle Krustentiere hat auch der Krebs einen festen Panzer.

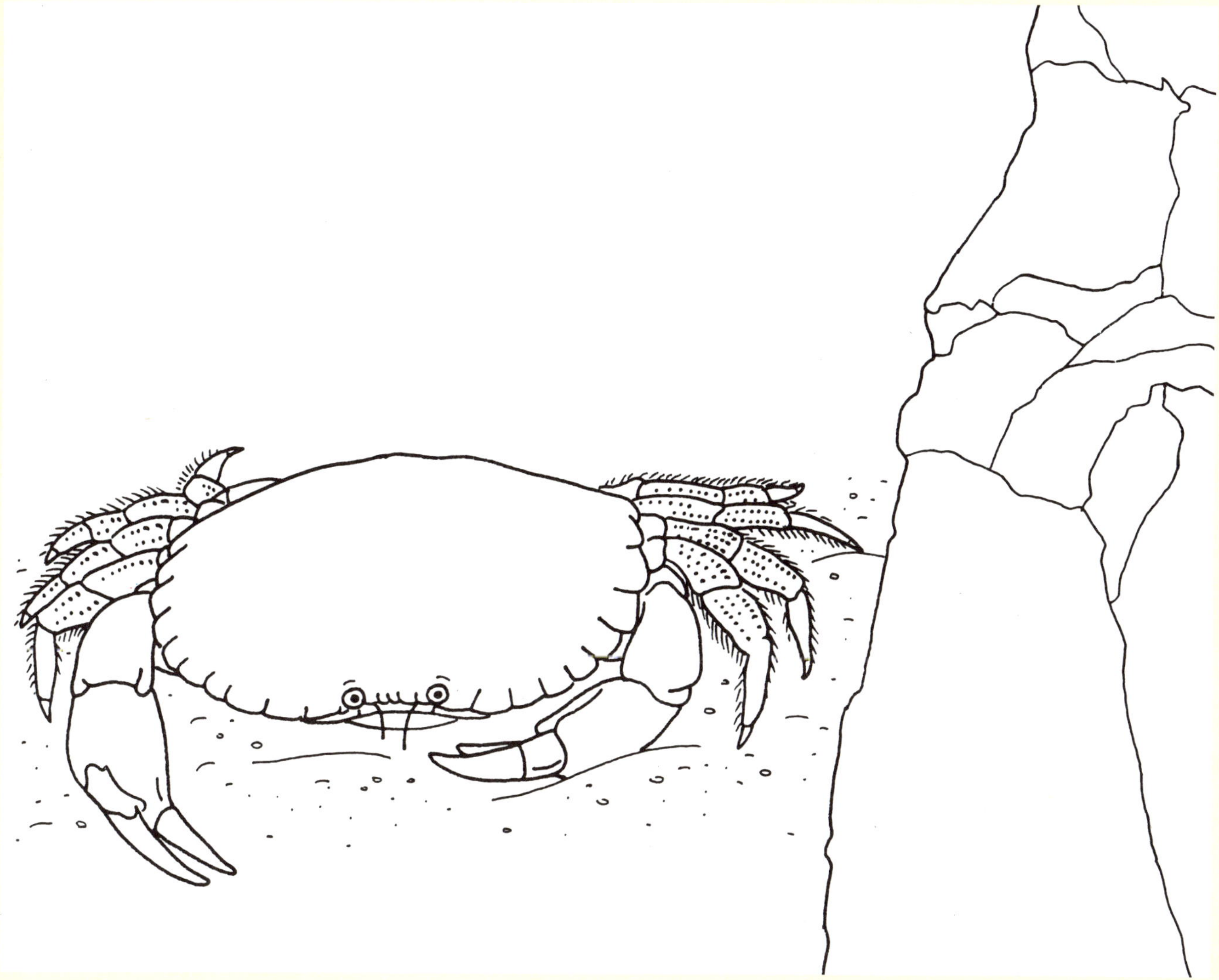

Wattwurm

Wer im Wattenmeer spazieren geht, sieht die typischen Sandhäufchen, die der Wattwurm hinterlässt. Dieser Wurm lebt in ungefähr 30 cm Tiefe und gräbt dort Tunnel in den Sand. Dabei frisst er den vor ihm liegenden Sand und scheidet ihn am Körperende als Häufchen aus Sandschnüren wieder aus.

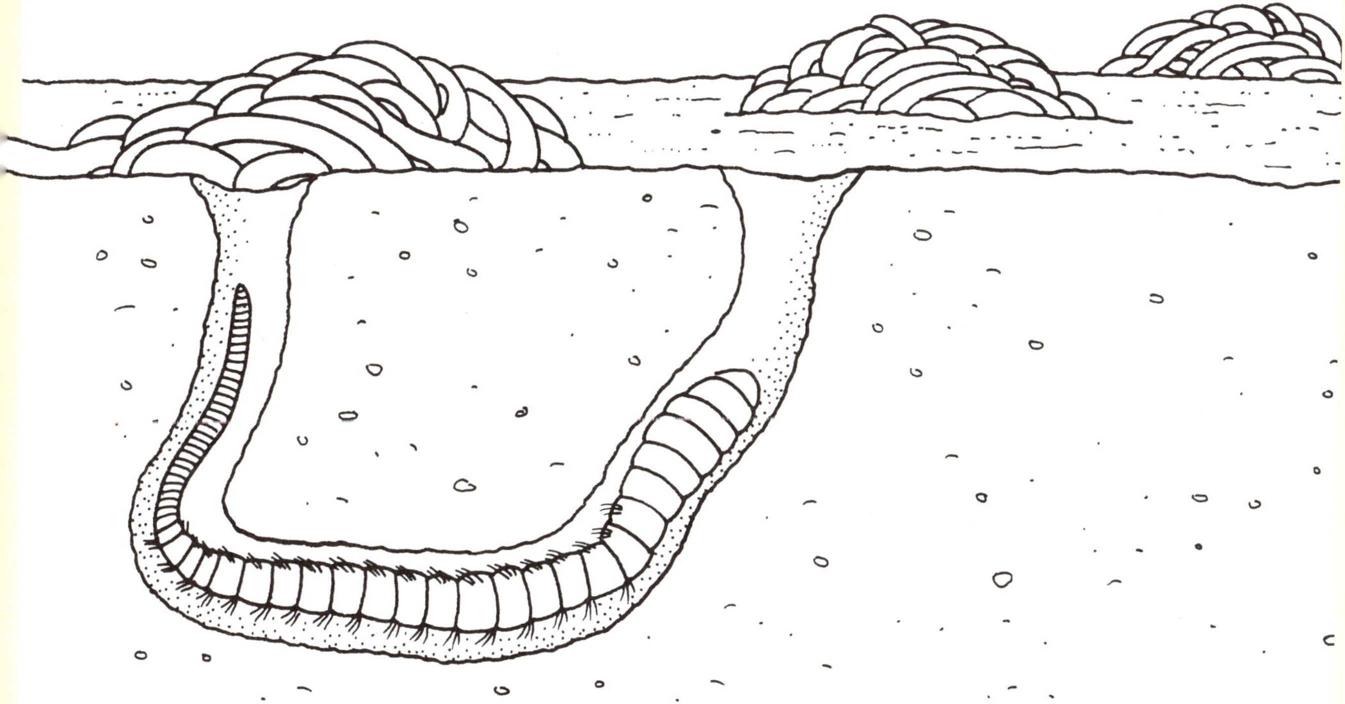

Seehund

Der Seehund gehört zur Familie der Robben. Er kann sehr gut schwimmen und bis zu 70 Minuten unter Wasser bleiben. Aber Seehunde sind durch die Wasserverschmutzung und den Menschen stark gefährdet. Junge Seehunde, die von ihren flüchtenden Müttern zurückgelassen werden, heißen Heuler. Wenn man einen Heuler findet, darf man ihn nicht anfassen, sondern alarmiert am besten die Heulerstation.

Küstenseeschwalbe

Die Küstenseeschwalbe ist ein echter Wandervogel: Innerhalb eines Jahres legt sie über 40 000 Flugkilometer zurück. Ende Juli verlässt sie ihren Brutplatz im Wattenmeer und fliegt zu ihrem Winterquartier am Südpol. Junge Vögel haben graue Schnäbel und Füße, erwachsene Vögel sind an ihren klaren Farben gut zu erkennen.

Qualle

Quallen sind Nesseltiere. Deshalb hat man lange etwas davon, wenn man mit ihnen in Berührung kommt: An ihren Fangarmen, den so genannten Tentakeln, ist nämlich ein Gift, das auf der Haut schmerzhaft brennt. Mit den Tentakeln fangen Quallen kleinste Meerestiere, die sie in den Mund auf der Unterseite ihres Schirms schieben.

Austernfischer

Austernfischer ernähren sich vor allem von Muscheln, deren Schale sie mit ihrem scharfen Schnabel öffnen. Sie fressen aber keine Austern, denn deren Schale ist viel zu hart.
Austernfischer sind sehr treue Vögel: Sie behalten oft ihr Leben lang denselben Partner, mit dem sie an immer derselben Stelle ihre Jungen ausbrüten.

Muschel

Muscheln gehören zu den Weichtieren, die nur durch eine harte Schale geschützt sind. Am Strand findet man nur die leere, leblose Schale dieser Tiere. Muscheln leben am Meeresgrund und filtern dort wie ein Staubsauger kleinste Lebewesen aus dem Wasser. Manche Muscheln wie die Herzmuschel gelten unter Feinschmeckern als Delikatesse.

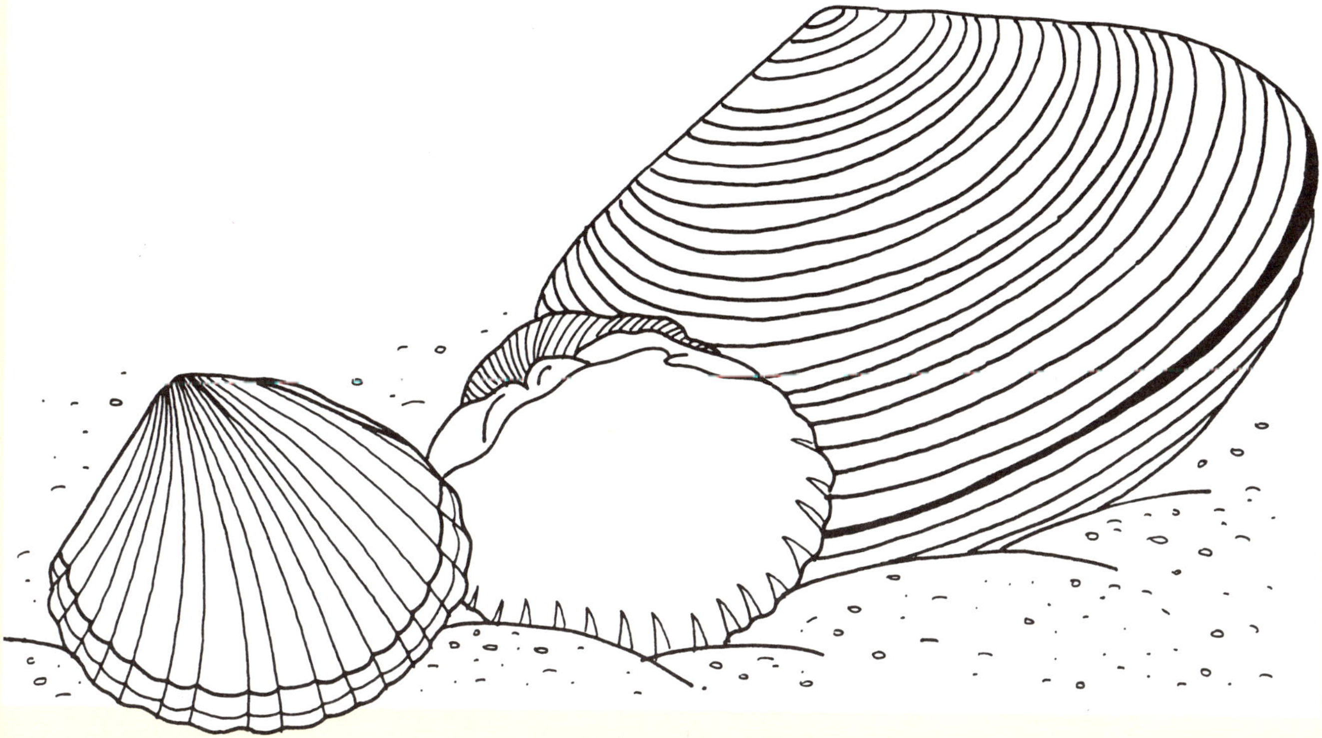

Kennst du diese Tiere an der Küste?